essentials

essentials liefern aktuelles Wissen in konzentrierter Form. Die Essenz dessen, worauf es als „State-of-the-Art" in der gegenwärtigen Fachdiskussion oder in der Praxis ankommt. *essentials* informieren schnell, unkompliziert und verständlich

- als Einführung in ein aktuelles Thema aus Ihrem Fachgebiet
- als Einstieg in ein für Sie noch unbekanntes Themenfeld
- als Einblick, um zum Thema mitreden zu können

Die Bücher in elektronischer und gedruckter Form bringen das Expertenwissen von Springer-Fachautoren kompakt zur Darstellung. Sie sind besonders für die Nutzung als eBook auf Tablet-PCs, eBook-Readern und Smartphones geeignet. *essentials:* Wissensbausteine aus den Wirtschafts-, Sozial- und Geisteswissenschaften, aus Technik und Naturwissenschaften sowie aus Medizin, Psychologie und Gesundheitsberufen. Von renommierten Autoren aller Springer-Verlagsmarken.

Weitere Bände in der Reihe http://www.springer.com/series/13088

Meike Knöchel · Klaus North

Kundeneinbindung im Innovationsprozess – Methoden

Meike Knöchel
Frankfurt, Deutschland

Klaus North
Wiesbaden Business School
Wiesbaden, Deutschland

ISSN 2197-6708　　　　　　ISSN 2197-6716　(electronic)
essentials
ISBN 978-3-658-20410-5　　　ISBN 978-3-658-20411-2　(eBook)
https://doi.org/10.1007/978-3-658-20411-2

Die Deutsche Nationalbibliothek verzeichnet diese Publikation in der Deutschen Nationalbibliografie; detaillierte bibliografische Daten sind im Internet über http://dnb.d-nb.de abrufbar.

Springer Gabler
© Springer Fachmedien Wiesbaden GmbH 2018

Gedruckt auf säurefreiem und chlorfrei gebleichtem Papier

Springer Gabler ist Teil von Springer Nature
Die eingetragene Gesellschaft ist Springer Fachmedien Wiesbaden GmbH
Die Anschrift der Gesellschaft ist: Abraham-Lincoln-Str. 46, 65189 Wiesbaden, Germany

Was Sie in diesem *essential* finden können

- Kundenrollen in sechs Ausprägungsstufen zur Einbindung im Innovationsprozess werden erläutert.
- Eine große Zahl direkter und indirekter Methoden zur Kundeneinbindung wird mit Praxisbeispielen dargestellt, bewertet und verglichen.
- Eine Übersicht der Methoden und ihre Einordnung in die vier Phasen des Innovationsprozesses erleichtert die Wahl der geeigneten Methode zum richtigen Zeitpunkt.

Vorwort

Anregungen für Innovationen entstehen häufig aus dem Dialog mit bestehenden oder potentiellen Kunden und Nutzern. Daher ist es nicht überraschend, dass eine Vielzahl von Studien die Bedeutung der Kundeneinbindung für Produkt- und Dienstleistungsinnovationen bestätigt. Digitale Medien und soziale Netzwerke haben die Interaktion mit Kunden vereinfacht, bergen aber auch Risiken.

Für eine erfolgreiche Umsetzung von Kundeneinbindung in der Praxis ist es für Unternehmen daher wichtig zu definieren, in welchen Phasen des Innovationsprozesses Kunden oder Nutzer in welcher Form eingebunden werden können.

Dieses *essential* ist Teil eines ‚Doppelpacks‘: Der Zweck dieses *essentials* ist, eine praxisnahe Handlungsempfehlung zur Wahl der richtigen Methoden der Kundeneinbindung zum richtigen Moment im Innovationsprozess zu geben. Während im *essential* ‚Kundeneinbindung im Innovationsprozess – Konzepte‘ der Schwerpunkt auf den erfolgskritischen Voraussetzungen und Risikobewertungen der Kundeneinbindung liegt, gilt das Augenmerk in diesem *essential* vor allem dem Vergleich von konkreten Methoden zur Kundeneinbindung. Es werden vielfältige Möglichkeiten vorgestellt und durch Praxisbeispiele unterstützt, wann ein Unternehmen den Kunden wie im Innovationsprozess einbeziehen kann. In diesem Rahmen werden Werkzeuge zur Kundeneinbindung in den verschiedenen Phasen des Innovationsprozesses vorgestellt.

Wir wünschen anregende Lektüre. Ihr Feedback erreicht uns unter meikeknoechel@gmail.com oder Klaus.North@gmail.com.

Wiesbaden   Meike Knöchel
Herbst 2017   Klaus North

Inhaltsverzeichnis

Einleitung 1

Innovationen sichern die nachhaltige Wettbewerbsfähigkeit von Unternehmen (vgl. Stern und Jaberg 2010, S. 7). Laut einer Studie mit 1757 Führungskräften aus mehr als 25 Ländern werden die innovativsten Unternehmen voraussichtlich um 53 % wachsen, während das Wachstum der weniger innovativen Unternehmen auf nur 16 % eingeschätzt wird. In Bezug auf Innovationsbedarf antworteten 93 % der Befragten, Innovationen hätten eine hohe Bedeutung für das zukünftige Umsatzwachstum (vgl. PriceWaterhouseCoopers 2015, S. 1 ff.).

70 % aller neuen Produkteinführungen in Supermärkten werden nach kurzer Zeit aufgrund fehlender Kundenakzeptanz wieder aus den Regalen genommen. Eine wissenschaftliche Studie zeigt, dass 50 bis 80 % dieser Produkte nicht erfolgreich waren, weil Unternehmen nicht genügend Marktnähe während des Produktinnovationsprozesses hatten (vgl. Stern und Jaberg 2010, S. 159). Die Kundenorientierung ist daher ein wichtiger kritischer Erfolgsfaktor im Innovationsmanagement, aber gleichzeitig ein blinder Fleck vieler Unternehmen. Firmen müssen daher die Einbindung der Kunden während der Produktentwicklung erhöhen, um die Erfolgsrate der Produktinnovation zu steigern (vgl. Enkel 2009).

In vielen Bereichen wie z. B. im Sport oder in der Medizin sind die Nutzer Treiber von Innovationen, die neue Lösungen erproben. Hieraus sind die Ansätze der offenen oder nutzerzentrierten Innovation entstanden. Für Unternehmen stellt sich daher vermehrt die Frage, **mit wem, wann und wie zur Förderung der eigenen Innovationen zusammenzuarbeiten.**

Um dies zu entscheiden, ist es jedoch wichtig, die verschiedenen Methoden zur Kundeneinbindung in einen sinnvollen und praxisnahen Kontext zu setzen.

© Springer Fachmedien Wiesbaden GmbH 2018
M. Knöchel und K. North, *Kundeneinbindung im Innovationsprozess –
Methoden,* essentials, https://doi.org/10.1007/978-3-658-20411-2_1

Sechs Stufen der Kundeneinbindung

Im Innovationsprozess kann der Kunde verschiedene Rollen mit diversen Involvierungsintensitäten einnehmen. In der Theorie gibt es viele verschiedene Konzepte zu den Kundenrollen, die unterschieden werden können, sich jedoch teilweise überlappen. Die Autoren haben für die Praxis hierzu ein 6-Stufenmodell entwickelt, das zwischen direkter und indirekter Kundeneinbindung unterscheidet, und die Art und Intensität der Einbindung auf sechs Stufen beschreibt (vgl. Abb. 2.1).

Bei der indirekten Kundeneinbindung werden die Bedürfnisse, Probleme und Präferenzen analysiert, ohne die Kunden direkt nach einer Lösung zu fragen (Stufe 1–3). Bei der direkten Kundeneinbindung werden nicht nur Kundenbedürfnisse, Probleme und Präferenzen analysiert, sondern der Kunde ebenfalls direkt nach einer Lösung gefragt (Stufe 4–6).

Stufe 1: Bestehende Kundendaten werden analysiert

Die geringste Stufe (Stufe 1) der Kundeneinbindung ist die Analyse von Kundendaten ohne jegliche Interaktion mit dem Kunden. Dabei werden weder Kunden direkt zu Problemen befragt noch zu anderen Präferenzen. Die Analyse und Produktlösungsfindung erfolgt ausschließlich basierend auf unterschiedlichen bestehenden Datenquellen. In diesem Zusammenhang spielt die Verwendung von Big Data eine immer wichtiger werdende Rolle. Viele Unternehmen sammeln eine Vielzahl von Kundendaten, um diese dann zu analysieren, Trends und Marktchancen zu erkennen und so gezielt Produkte für bestimmte Zielgruppen zu entwickeln. Unternehmen wie Payback haben sogar ganze Geschäftsmodelle daraus entwickelt, Kundendaten gezielt zu analysieren und weiterzuverarbeiten.

- Transparenz der Kundenbedürfnisse wird als wichtig und wertstiftend eingestuft
- Vorhandene Kundendaten werden strukturiert analysiert
- Erkenntnisse aus Kundendaten bilden die Grundlage für Problemstellungen

© Springer Fachmedien Wiesbaden GmbH 2018

M. Knöchel und K. North, *Kundeneinbindung im Innovationsprozess –
Methoden,* essentials, https://doi.org/10.1007/978-3-658-20411-2_2

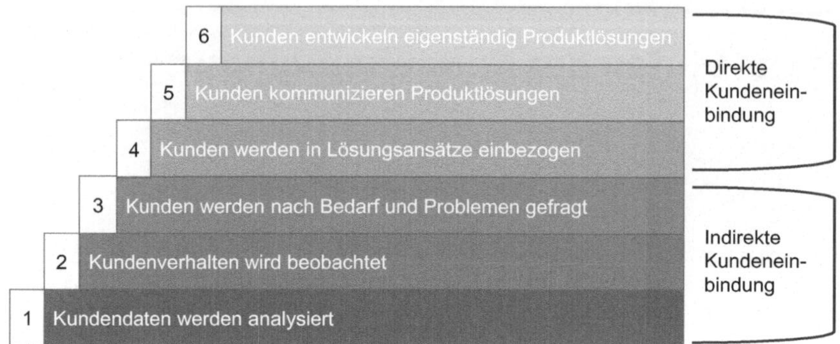

Abb. 2.1 Stufenmodell zu Kundenrollen und Intensität der Einbindung

Stufe 2: Kundenverhalten wird beobachtet und Daten erhoben

Stufe 2 ist vergleichbar mit der von Blazevic und Lievens beschriebenen Rolle ‚Kunde als passiver Nutzer'. Dabei beobachtet das Unternehmen das Verhalten der Kunden, um Einblicke in ihre Probleme und Bedürfnisse zu bekommen. Dies geschieht beispielsweise durch die Verfolgung der Internetaktivitäten der Kunden, insbesondere durch ihr Verhalten in Foren und Communities, wo die Kunden Lösungen zu Problemen mit bestehenden Produkten suchen. In diesem Kontext haben Kunden eine passive Rolle im Innovationsprozess, da sie nicht wissen, dass das Unternehmen sie analysiert und Wissen und Erkenntnisse aus ihrem Verhalten gewinnt (vgl. Blazevic und Lievens 2008, S. 143 ff.).

- Neue Kundeninformationen werden vom Unternehmen erfasst und analysiert ohne den Kunden direkt anzusprechen
- Kunden werden unbewusst gezielt durch das Unternehmen in bestimmte Richtungen gelenkt und durch Szenarien geleitet, um neue Erkenntnisse zu gewinnen
- Erkenntnisse aus dem Kundenverhalten dienen zur Priorisierung der Anforderungen in der Produktentwicklung

Stufe 3: Kunden werden nach Bedarf und Problemen gefragt

In der dritten Stufe wird der Kunde aktiv zu einem Problem befragt, ohne jedoch eine Lösung zu diesem Problem zu entwickeln oder vorzuschlagen.

Dies entspricht Blazevic und Lievens Rollenkonzept ‚Kunden als aktive Informatoren'. Folglich kann das Unternehmen das Wissen zu Produktwünschen erlangen und mit Produktanpassungen oder Produktinnovationen beantworten.

Der Lösungsentwicklungsprozess basiert somit auf den Erkenntnissen über die Bedürfnisse der Kundeneinbindung, wird dann aber innerhalb des Unternehmens weiterentwickelt (vgl. Blazevic und Lievens 2008, S. 143 ff.).

- Das Unternehmen spricht den Kunden direkt an, um Informationen zu Problemstellungen zu erfassen und zu analysieren
- Kunden werden gezielt zu Produktproblemen gefragt, jedoch nicht bei der Lösung einbezogen
- Das Unternehmen bildet ein Netzwerk, um Informationen zu erfassen
- Erkenntnisse aus den Befragungen dienen zur Definition der Problemstellung, die dann innerhalb des Unternehmens zur Produktentwicklung aufgegriffen wird

Stufe 4: Kunden werden in Lösungsansätze einbezogen
Bei der vierten Stufe ist der Kunde zwar nicht direkt derjenige, der über die Produktlösung entscheidet, er wird jedoch stark in die Lösungsfindung zu einem Problem involviert und seine Kundenideen und -vorschläge zu Produktlösungen werden berücksichtigt.

In diesem Zusammenhang wird oft von ‚Crowdsourcing‘ gesprochen und beschreibt, dass das Unternehmen Aufgaben, die vorab von eigenen Mitarbeitern übernommen wurden, an ein großes Netzwerk auslagert (vgl. Howe 2006).

Dieser Ansatz wird von Nambisans Rollenkonzept des ‚Kunden als Co-Creator‘ widergespiegelt. Dabei wird der Beitrag des Kunden in der Entwicklungsphase genutzt, um Produktdesign und Features zu überprüfen. Die Zusammenarbeit zwischen den internen Abteilungen und den Kunden ist sehr eng, einige Unternehmen integrieren sogar Kundenvertreter in Entwicklungsprojekte, um Aufgaben wie z. B. Konzepttests zu übernehmen. Eine wichtige Voraussetzung für diese Rolle ist, dass der Kunde über Wissen zu den benötigten Technologien verfügt (vgl. Nambisan 2002, S. 395 ff.).

- Das Unternehmen bezieht den Kunden nicht nur in die Problemstellung, sondern auch in die Lösungsfindung ein
- Kunden bewerten diverse Produktlösungen und das Unternehmen nutzt diese Informationen zur Produktverbesserung
- Kundennetzwerke werden genutzt, um Produktlösungen strukturiert zu entwickeln

Stufe 5: Produktlösungen werden gemeinsam mit dem Kunden entwickelt
In diesem fünften Grad der Kundeneinbindung ist der Kunde gemeinsam mit dem Unternehmen in das Lösungsdesign involviert. Dieser Ansatz wird von Nambisan im Rollenkonzept ‚Kunde als User‘ beschrieben. Dies impliziert die Interaktion mit

dem Kunden im Hinblick auf Produkttests, um die Kundenperspektive zu erlangen. Wesentliche Herausforderungen sind die notwendige Diversität und Repräsentativität der Zielgruppe und die Bereitstellung einer geeigneten Infrastruktur zur Vereinfachung von Interaktionen (vgl. Nambisan 2002, S. 395 ff.).

- Das Unternehmen bezieht den Kunden im Rahmen einer aktiven und kontinuierlichen Interaktion ein
- Der Kunde agiert als Partner des Unternehmens und ist in mehreren Phasen der Produktentwicklung involviert
- Die Kunden werden organisatorisch in das Unternehmen integriert
- Erkenntnisse aus der Zusammenarbeit fließen direkt in die Produktlösung ein

Stufe 6: Kunden entwickeln eigenständig Produktlösungen
Die Stufe 6 spiegelt das höchste Maß der Kundeneinbindung wider, da der Kunde die Innovation eigenständig und unabhängig von dem Unternehmen entwickelt. Ciu und Wu beschreiben dies mit der Rolle ‚Kunden als Innovatoren' (CIN). Diese Rolle beschreibt, dass die Kunden selbst Innovationen entwickeln, ohne das Unternehmen direkt einzubinden. Mit der Etablierung eines eigenständigen Innovationsprozesses konzipieren die Kunden Produkte selbst und bieten diese dem Unternehmen an. Es gibt keinen direkten Austausch von Wissen zwischen dem Kunden und dem Unternehmen, da die Kunden eigenständig eine Lösung entwickeln. Statt das fertige Produkt zu kaufen, verfügt das Unternehmen jedoch auch über indirekten Zugang zum Kundenwissen, nämlich durch Beobachtung der von Kunden entwickelten Innovationen und die Marktreaktionen darauf. Das Unternehmen kann diese Art von Kundenengagement durch die Bereitstellung von Toolkits fördern, mit denen Kunden ihre eigenen Produktlösungen entwickeln können, um ihre eigenen Bedürfnis zu beantworten oder ein Problem zu lösen (vgl. Cui und Wu 2015, S. 519 ff.).

- Der Kunde entwickelt eigenständig eine Produktlösung und das Unternehmen kann das finale Produkt übernehmen
- Extrinsische und intrinsische Motivationsfaktoren (detailliert beschrieben im *essential* ‚Kundeneinbindung im Innovationsprozess – Konzepte') sind evaluiert und bilden die Voraussetzung für die eigenständige Produktentwicklung durch den Kunden
- Während der Produktentwicklung hat das Unternehmen keinen Einfluss
- Erkenntnisse können aus der kundenseitigen Produktentwicklung gewonnen werden, die dann wertvoller Input für weitere Produkte sein kann.

Gegenüberstellung der Methoden und Konzepte zur Kundeneinbindung 3

Die im Folgenden beschriebenen Kundeneinbindungsmethoden können entweder in einzelnen Phasen des traditionellen Innovationsprozesses oder in allen Phasen angewendet werden (siehe Abb. 3.1).

Nach einem Überblick über die Methoden werden diese in den folgenden Kapiteln einzeln erläutert.

Im Hinblick auf indirekte Kundeneinbindung werden Empathic Design, Idealized Design, ODI Netnographie üblicherweise in der Ideengenerierung angewandt, um Kundenbedürfnisse zu erkennen, ohne Kunden direkt nach einer Lösung zu fragen. Conjoint Analysis und Category Appraisal können angewendet werden, um Ideen in der Auswahlphase zu priorisieren, ohne dass die Kunden eigene Konzepte entwickeln. Markttests werden in der Regel in einem reifen Stadium vor der offiziellen Produkteinführung verwendet. VOC kann genutzt werden, um nur Informationen über die Bedürfnisse zu sammeln, kann aber auch auf alle Phasen erweitert werden, beispielsweise durch Einbeziehung der Kunden in den Lösungsadaptionsprozess.

In Bezug auf die direkte Kundeneinbindung können Ideenwettbewerbe und Toolkits sowohl für die Ideengenerierung als auch für die Ideenpriorisierung angewandt werden. Konzept-, Produkt- und Beta-Tests sind nützliche Methoden in der Implementierungsphase, um die entwickelten Produktlösungen noch vor der Markteinführung zu verbessern.

Die Konzepte zu Lead User, Fokusgruppen, Virtual Communities und Co-Development können in allen Phasen des Innovationsprozesses angewendet werden. Alle vier Konzepte lassen sich auch mit indirekten und direkten Kundeneinbindungsmethoden kombinieren, zum Beispiel durch Einbindung von Lead-Usern für Fokusgruppen oder durch Verwendung eines Toolkits in einer Virtual Community.

© Springer Fachmedien Wiesbaden GmbH 2018
M. Knöchel und K. North, *Kundeneinbindung im Innovationsprozess – Methoden,* essentials, https://doi.org/10.1007/978-3-658-20411-2_3

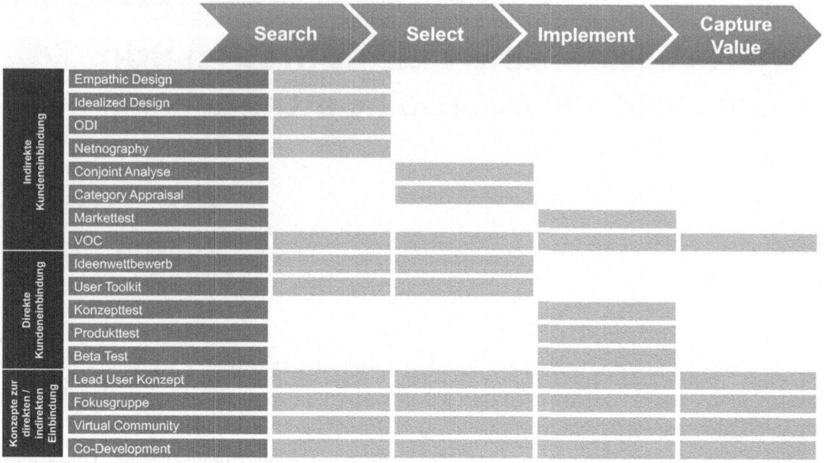

Abb. 3.1 Anwendung von Kundeneinbindungsmodellen und -konzepten in den verschiedenen Phasen des Innovationsprozesses

Methoden zur indirekten Kundeneinbindung 4

Wie im sechsstufigen Modell zu den Kundenrollen in Kap. 2 beschrieben, kann zwischen indirekten und direkten Ansätzen zur Kundeneinbindung unterschieden werden. In einer realen Umgebung überlappen sich die unterschiedlichen Methoden und Konzepte und können nicht immer vollständig voneinander getrennt werden. Im Folgenden werden einige der am häufigsten verwendeten Methoden und Konzepte im Detail beschrieben und Beispiele für eine praktische Anwendung gegeben. Die Symbole ▶▶▶▶ repräsentieren die Verwendung der einzelnen Methoden in den verschiedenen Phasen des linearen Innovationsprozesses: *Ideengenerierung, Selektion, Implementierung* und *Wertschöpfung* (siehe Abb. 4.1).

Empathic Design
▶▷▷▷ wurde von Leonard-Barton im Jahr 1995 eingeführt und beschäftigt sich mit dem Ansatz, dass Kunden mit bereits bestehenden Produkten in ihrer eigenen gewohnten Umgebung beobachtet werden. Bezüglich der Herangehensweise gibt es keine aktive Interaktion zwischen dem Kunden und dem Unternehmen, sondern ein indirektes Beobachten des Kunden, um die Bedürfnisse zu verstehen, die der Kunde möglicherweise nicht artikulieren kann oder die ihm unbekannt sind. Der Vorteil dieser Variante ist, dass auf dieser Grundlage unbewusste und unausgesprochene Bedürfnisse und Verhaltensmuster verfolgt und für zukünftige Innovationen genutzt werden können (vgl. Gassmann et al. 2010, S. 43 ff.). Durch die fehlende direkte Interaktion können jedoch keine Rückfragen an den Kunden gestellt werden.

© Springer Fachmedien Wiesbaden GmbH 2018
M. Knöchel und K. North, *Kundeneinbindung im Innovationsprozess – Methoden*, essentials, https://doi.org/10.1007/978-3-658-20411-2_4

Abb. 4.1 Der traditionelle Innovationsprozess. (Eigene Darstellung nach Herstatt und Verworn 2007, S. 9)

IKEA

Der **IKEA** Bericht ‚Tasting the Moments' ist Teil der Serie ‚IKEA Life at Home Report' und fasst die Ergebnisse von mehr als 8500 Interviews mit Einwohnern von acht Städten weltweit zusammen. Der Hauptzweck des Berichts ist es, Einblicke in die Lebensweisen, Gewohnheiten, Präferenzen und tägliche Routine der Haushalte zu gewinnen, um ihr Leben rund um ihre Essenkultur zu verstehen. Für die Besuche einiger Familien wurde Empathic Design verwendet, um das Koch-, Ess- und Gesellschaftsverhalten der Familien in der Küche zu analysieren. Die Familien wurden in verschiedenen Städten besucht und durch ein Team von Produktdesignern und Ingenieuren durch Fotos dokumentiert (vgl. IKEA 2015).

Darüber hinaus fordert IKEA regelmäßig Hunderte seiner Designer in Schweden auf, Familien in ihren Haushalten zu besuchen, um mit ihnen zu kochen und zu essen. Dazu verwenden die Familien bestehende IKEA-Produkte in ihren Küchen, um im Moment der Verwendung Lücken zwischen bestehenden Produkten und Kundenbedürfnissen zu identifizieren. Darüber hinaus werden völlig neue Ideen für zukünftige Produkte entwickelt. Ein Beispiel für ein neues Produkt, das auf Grundlage dieser Kochsessions mit Empathic Design entwickelt wurde, ist ein Aufhänger für Küchentücher, der an Küchenschranktüren befestigt werden kann. Die Designer hatten festgestellt, dass die Familien oft in kleinen Küchen kochen und nicht viel Platz für die Anbringung von Küchentüchern haben. Die Aufhänger an der Schranktür können ohne eine freie Wand im Raum verwendet werden und machen die Arbeit für den Kunden in der Küche komfortabler, da die Handtücher nun in der Nähe der Spüle platziert werden können, wo sie dann auch benötigt werden (vgl. Postinett 2010).

Customer Idealized Design

⫸⫸ wurde von Russel L. Ackoff entwickelt. Bei der Methode wird der Kunde gebeten, sich ein Idealprodukt vorzustellen, vorausgesetzt dass sich der Kunde sein ideales gewünschtes Produkt gedanklich ausmalen kann. Der Prozess beginnt mit einem Brainstorming über Produkteigenschaften, die das gewünschte Produkt haben sollte und Anforderungen, die es abdecken sollte. Die Kunden sollen außerhalb der gewohnten Ideen kreativ werden und sich ein Idealprodukt wünschen, mit der einzigen Voraussetzung, dass das Idealprodukt technisch realisierbar ist. Danach entwirft der Kunde Produkte, die die meisten der besprochenen Anforderungen erfüllen. Der Vorteil dieser Variante ist, dass das Unternehmen eine klare Transparenz über Lücken zwischen bestehenden Produkten und Idealprodukten erhält, um dann gezielt intern an zukünftigen Produktverbesserungen zu arbeiten (vgl. Ciccantelli und Magidson 1993, S. 341 ff.).

Outcome-Driven Innovation (ODI)

⫸⫸ ist ein Beispiel für eine Herangehensweise durch Problemanalyse und wurde von Anthony W. Ulwick entwickelt. Das Konzept basiert auf der Idee, dass Kunden Produkte und Dienstleistungen kaufen, um einen Tätigkeit abzuschließen. Das Unternehmen lernt zu verstehen, welche Tätigkeit oder Aufgabe der Kunde zu erledigen hat und wie er die auf dem Markt angebotenen Produkte bewertet, die benötigt werden, um diese Aufgabe abzuschließen. Die Firma kann dann Ideen entwickeln, die auf dem Erkennen der Bedürfnisse und Werte des Kunden beruhen (vgl. Ulwick 2014, S. 3 ff.). Im ersten Schritt wird die zu erledigende Aufgabe in einzelne Prozessschritte unterteilt und analysiert, welche Metriken der Kunde nutzt und wie er den Arbeitsschritt erfolgreich beenden kann. Dann ist das Unternehmen gefordert, mit dem Kunden zu analysieren, wie gut ein ‚Job‘ beendet werden kann und was die ungedeckten Bedürfnisse sind. Im Ergebnis können die ungedeckten Bedürfnisse, die so genannten ‚Soll-Ergebnisse‘, hierarchisch priorisiert und zu Chancen verarbeitet werden, mit denen die internen Entwicklungsabteilungen dann geeignete Ideen für Produktlösungen entwickeln, um die Tätigkeit aus Sicht des Kunden effizienter zu erledigen (vgl. Ulwick 2014). Aus Ulwicks Sicht sollten die Kunden nicht aktiv nach einer Lösung gefragt werden, da sie nicht über das notwendige Fachwissen verfügen, um diesen Teil des Innovationsprozesses ausreichend zu erfüllen, und da die Kunden nur Tatsachen kennen, die sie bereits erlebt haben (vgl. Ulwick 2002). Stattdessen sollten die Kunden zu Präferenzen befragt werden und wie das Produkt oder die Dienstleistung ihnen helfen soll. Beispielsweise helfen CDs dem Kunden, Musik zu speichern; der Schwerpunkt der Innovationsaktivitäten des Unternehmens sollte daher nicht auf der Produktion besserer CDs liegen, sondern dem Kunden helfen, die Speicherung von Musik durch die Entwicklung völlig neuer Speicherträgerprodukte zu erleichtern (vgl. Ulwick 2014).

Bosch

Mit Hilfe von Ulwicks Innovationsberatungsunternehmen Strategyn hat **Bosch** mit ODI ein neues Produkt im US-Markt eingeführt. Bosch stand vor dem Problem, dass der Markt für Handkreissägen in den USA als gesättigt galt, da in den vergangenen Jahren nicht viele Produktinnovationen eingeführt wurden und gleichzeitig die Anzahl der Wettbewerber anstieg.

Um unbekannte Marktchancen für Produktinnovationen zu erkennen, wurden 30 Benutzer von Handkreissägen hinsichtlich ihrer Präferenzen und Gewohnheiten befragt. Als Ergebnis konnte eine Liste mit 85 unerfüllten Bedürfnissen, den sogenannten Desired Outcomes, zusammengetragen werden. Im nächsten Schritt priorisierten 270 Benutzer diese Desired Outcomes. Das Resultat war jedoch, dass es auf dem gesamten Markt keine völlig unbeantworteten Bedürfnisse gab und Bosch auf Segmentierungspraktiken zurückgreifen musste. Strategyn gruppierte die gefundenen Desired Outcomes in einer Opportunity Landscape und verknüpfte Bedeutsamkeit mit dem Grad der Beantwortung eines Bedürfnisses. Als Ergebnis wurden 14 der 85 Desired Outcomes nicht ausreichend beantwortet und hatten eine hohe Bedeutung für den Kunden, jedoch eine geringe Zufriedenheit in der Umsetzung der Beantwortung dieser. Daher stellen diese Punkte enorme Chancen für Produktverbesserung dar. Eines der relevantesten Desired Outcomes war das Kabelsystem der Handkreissäge. Bosch-Anwender kritisierten, dass sie das Stromkabel oft unbeabsichtigt beim Sägen zerschnitten und dass der Austausch des defekten Kabels hohe Kosten und Ausfallzeiten nach sich zog. Daher entwickelten die Bosch-Ingenieure das ,Direct Connect'-Kabelsystem, das es dem Anwender ermöglicht, beliebige Verlängerungskabel mithilfe der Kabelkupplung direkt mit der Kreissäge zu verbinden. Somit kann das Kabel bei einem Schaden leicht ersetzt werden, indem man innerhalb von Sekunden ein neues Verlängerungskabel anschließt, was wertvolle Zeit und Kosten für den Benutzer spart. Nachdem Lösungen für 13 weitere unbeantwortete Bedürfnisse entwickelt wurden, brachte Bosch die Handkreissäge CS20 einschließlich des ‚Direct Connect' Kabelsystems auf den Markt und konnte damit hervorragende Verkaufszahlen und erhöhte Kundenzufriedenheit erreichen. Gleichzeitig wurde die Handkreissäge als eines der 100 innovativsten Produkte des Jahres ausgezeichnet (vgl. Strategyn 2014, S. 1 ff.).

Netnography

⫸⫸⫸ verwendet interpretative Forschungsansätze auf Online-Kanälen, um zu analysieren, was die Kunden im Internet diskutieren, welche Probleme sie haben und was sie auf Social Media-Plattformen interessiert. Der Vorteil der Methode ist, dass das Unternehmen durch die Analyse öffentlich zugänglicher Inhalte im Social Web, wie Ratings, Reviews, Blogs, Netzwerken und vielen weiteren sozialen Plattformen, die unvoreingenommenen Gefühle, Einstellungen und Gedanken der Kunden erforschen kann, die dann im Nachgang für Produktinnovationen verwendet werden können. Das Unternehmen kann sich darüber hinaus auch mit unbekannten Kunden in Verbindung setzen und durch diskrete Beobachtung ihr Verhalten untersuchen (vgl. Noble et al. 2014, S. 62 ff.).

Nivea

Die deutsche Pflegeprodukt-Marke **Nivea** nutzte Netnography in den frühen Phasen des Produktentwicklungsprozesses für eine Innovation im Deodorantbereich. Das interne Produktentwicklungsteam war sich bereits der Tatsache bewusst, dass die Deodorant Rückstände auf der Kleidung von Kunden kritisierten wurden, gleichzeitig zögerte das Unternehmen aktiv an einer Lösung zu arbeiten, da der Entwicklungsaufwand hoch war und gleichzeitig die Ungewissheit herrschte, wie hoch der Kundenanteil war, der tatsächlich vor diesem Problem stand. Netnography wurde verwendet, um ein universelles Bild über die Bedürfnisse und Vorlieben der Kunden zu erhalten. Zunächst definierte das Forschungsteam fachrelevante Themen, Schlüsselwörter, Märkte und relevante Online-Quellen. Insgesamt wurden 200 Social Media-Seiten durch quantitative und qualitative Kriterien analysiert und mit Software-Tools gescannt. Anschließend wurden

Cluster gebildet, um die Erkenntnisse zu konkreten Produktideen zu entschlüsseln. Dadurch verstand Nivea den Bedarf der Kunden und fand heraus, dass ein Deodorant ohne Rückstände auf der Kleidung tatsächlich eine große Marktlücke war, die eine sehr große Opportunität war und daher weiter entwickelt werden sollte. Das Management war von den quantitativen und qualitativen Ergebnissen der Netnography Untersuchung überzeugt und stimmte der Entwicklung eines neuen Deodorant Produkts mit dem Namen ‚Black & White' zu, das die keine Rückstände auf heller und dunkler Kleidung hinterlassen sollte. Es stellte sich heraus, dass das Deodorant ‚Black & White' die erfolgreichste Produkteinführung aller Zeiten von Nivea war (vgl. Noble et al. 2014, S. 65).

Conjoint Analyse

⋙⋙ ist eine Methode, bei der analysiert wird, welche Absatzchancen ein Produkt hat und welche Bestandteile eines Produktes welche Bedeutung sowie Wichtigkeit diese für den Kunden aufweisen. Betrachtet wird das Gesamtprodukt, das durch eine Bewertung von Bestandteilkombinationen in die Bedeutung der einzelnen Produktmerkmale aufgespalten werden kann (Grossklaus 2014, S. 153). Der Kunde wird nach Präferenzen und Einstellungen zu einzelnen Produkteigenschaften befragt, indem er unterschiedliche Produkt- oder Dienstattribute präsentiert bekommt, die er vergleichend bewertet. Als Folge kann das Unternehmen die Werte der einzelnen Produktattribute aufzeigen, priorisieren und Merkmalskombinationen sowie vom Kunden unbekannte Attribute erkennen. Darauf aufbauend können neue Produkte und Dienstleistungen entwickelt werden, die mit diesen Merkmalen ausgestattet sind (vgl. Kausch 2007, S. 38).

Ziel ist es, den Wert und die Bedeutung einzelner Produkteigenschaften zu analysieren, um weitere Produktspezifikationen zu entwickeln. Der Vorteil der Variante ist, dass das Unternehmen die Anforderungen und Bedürfnisse der Kunden mithilfe von quantitativen Daten einschätzen und darüber hinaus auch die Zahlungsbereitschaft prognostizieren kann (vgl. Disselkamp 2005, S. 200 ff.).

Category Appraisal

⋙⋙ ist eine quantitative Technik, bei der den Kunden verschiedene Produkte und Dienstleistungen gezeigt werden und die Kunden diese dann priorisieren. Es handelt sich um einen statistischen Ansatz, um Präferenzen, Einstellungen, Gemeinsamkeiten und Unterschiede zu erforschen. Dies wird auch verwendet, um die potenzielle Wettbewerbsproduktpositionierung für Innovationen zu analysieren (vgl. Kausch 2007, S. 43). Die Hauptziele der Methode sind die Identifizierung von Produktmerkmalen innerhalb einer Produktkategorie, Vergleichen von Ähnlichkeiten und Unterschiede zu konkurrierenden Produkten sowie die Frage, welche Produktmerkmale zu positiven oder negativen Rankings der Produkte durch die Kunden führen (vgl. Sensory Works 2011).

Markttests

≫≫≫ können nach einem erfolgreichen Produkttest durchgeführt werden, wenn das Produkt in einem ausgereiften Stadium des Innovationsprozesses ist. Eine Form der Markttests ist, das Produkt in einem restriktiven Umfeld innerhalb eines festen Zeitraums mithilfe der Marketinginstrumente, die für die Produkteinführung geplant sind, zu verkaufen. Ziel ist es, ein reelles Feedback über das Produkt aus dem Markt zu erhalten und eine erfolgreiche Strategie für die geplante Markteinführung zu definieren (vgl. Disselkamp 2005, S. 202).

Die repräsentative Test-Stadt

Die deutsche Stadt Haßloch ist eine einzigartige Umgebung für Markttests. Mit 20.500 Einwohnern wurde Haßloch von der **Gesellschaft für Konsumforschung (GfK)** ausgewählt, um neue Produkte in einem begrenzten Marktumfeld für die Herstellung von Konsumgütern zu testen, bevor sie offiziell auf dem Markt eingeführt werden. Haßloch ist repräsentativ für Deutschland in Bezug auf die durchschnittliche Haushaltsgröße, Demografie, Kaufkraft und viele weitere Kriterien. Insgesamt beteiligen sich an den Studien insgesamt 3400 von 8500 Haushalten. Wenn diese Haushalte in den Supermärkten Edeka, Lidl, Real, Rewe und Penny Waren einkaufen, nutzen sie eine Chipkarte, die es der GfK ermöglicht, ihre Einkäufe zu verfolgen und so Muster und Trends zu erkennen.

Auch Marketingkampagnen und Werbespots für neue Produkte werden speziell für Haßloch produziert und ausschließlich in Fernsehwerbepausen, Zeitschriften, Zeitungen, Radio und Billboards in Haßloch integriert. Daher kann die GfK nicht nur die Produktakzeptanz für verschiedene Unternehmen testen, sondern auch die Performance einer Marketingkampagne messen sowie eine Prognose zukünftiger Marktanteile neuer Produkte treffen. Es besteht jedoch die Gefahr, dass Wettbewerber in die Testmärkte in Haßloch gehen, neue Produktinnovationen analysieren und ähnliche

Entwicklungen vorantreiben, bevor die eigentliche Markteinführung des getesteten Produkts abgeschlossen werden kann. Eine weitere Einschränkung ist, dass der Testmarkt Haßloch vor allem auf schnelllebige Konsumgüter fokussiert ist (vgl. Granser 2014).

Voice of the Customer (VOC)
>>>> impliziert, die Bedürfnisse und Vorlieben des Kunden zu identifizieren, zu verstehen und zu priorisieren. Die Annahme ist, dass Kundenhinweise zu direkten Produktlösungen eher zu bereits existierenden Ergebnissen führt (vgl. Katz 2016).

Der VOC-Prozess hat drei verschiedene Schritte: ‚Identifikation', ‚Strukturierung' und ‚Priorisierung'. In der ersten Phase ‚Identifikation' werden Kunden ausgewählt und interviewt (vgl. Griffin und Hauser 1993). Bei diesen persönlichen Gesprächen oder Telefoninterviews mit den Kunden werden die Bedürfnisse transkribiert (vgl. Katz 2016). Im nächsten Schritt ‚Strukturierung' werden die übermittelten Bedürfnisse nach einer Hierarchie von Bedürfnissen sortiert. Um die Bedürfnisse in zu gruppieren, werden Affinitätsdiagramme erstellt (vgl. Griffin und Hauser 1993). In der letzten Phase ‚Priorisierung' werden die Kundenbedürfnisse verwendet, unterschiedliche Produktkonzepte zu entwickeln, wobei jedes der Produktkonzepte sich mit einem bestimmten Kundenbedürfnis beschäftigt. Dann werden diese verschiedenen Produktkonzepte nach Wichtigkeit priorisiert. Infolgedessen kann die nächste Reihe von Interviews damit beginnen, die bisherige Entwicklung zu validieren, bis das Endprodukt definiert ist (vgl. Griffin und Hauser 1993). Der Vorteil der Variante ist, dass der Kunde auf strukturierte Weise in den Innovationsprozess einbezogen wird, durch die das Unternehmen gezielt Bedürfnisse analysieren und dedizierte Produktlösungen entwickeln kann, bei dem die Kundenbedürfnisse stets die zentrale Rolle bilden.

Best Practices vermeiden die häufigsten Fehler von VOC (vgl. Intrieri 2013)
1. Identifizieren Sie die richtigen Kunden: Bilden Sie sich einen Überblick über alle potenziellen Kundengruppen, die mit dem Produkt in Verbindung stehen, priorisieren Sie diese und beziehen Sie die Wichtigsten ein.

2. Definieren Sie klare Ziele der Datenerfassung: Spezifizieren Sie detailliert, welche Daten benötigt werden, um ein Problem zu lösen, bevor Sie sich auf die Aufgabe und die Lösung konzentrieren.

3. Verwenden Sie die richtige Datenerhebungsmethode, um die benötigten Informationen zu sammeln: Bewerten Sie die Vor- und Nachteile der einzelnen Datenerhebungsmethoden wie Interviews, Beobachtungen oder Erhebungen, um die für einen bestimmten Fall besten Methoden zu nutzen.

4. Übersetzen Sie Kundenaussagen in konkrete Produktmerkmale: Nutzen Sie die Affinitätscharts, um Kundenaussagen in einzelne Merkmale aufzuteilen, indem Sie die Frage stellen, welche Auswirkungen diese Aussagen haben. Dadurch gelingt es, von einer generischen Aussage zu einem konkreten und messbaren Bericht zu kommen.

Ideenwettbewerbe

⋙⋙ können mit allen Arten firmeninterner und externer Teilnehmer, einschließlich Kunden, angewendet werden. In der Regel werden Ideenwettbewerbe auf Internet-Plattformen platziert und Kunden dazu eingeladen, Ideen auszutauschen und eigene Ideen zu veröffentlichen. In den meisten Fällen gibt es ein Enddatum, an dem die besten Ideen gewählt werden, entweder durch eine interne Jury oder durch die Kommentare und Bewertungen anderer Kunden. Im Vergleich zu anderen Methoden zur Ideengenerierung ist ein Ideenwettbewerb ein relativ preiswertes Instrument mit hoher Reichweite (vgl. Leopold 2015, S. 32 ff.). Sie können entweder über Offline-Kanäle oder Online-Kanäle wie Websites, Apps oder virtuelle Communities implementiert werden. Häufig werden Ideenwettbewerbe in den frühen Phasen des Innovationsprozesses angewendet, um ein breites Spektrum verschiedener Impulse zu sammeln und den Blick nach außen zu erweitern.

Starbucks

Die Kaffeehaus-Kette **Starbucks** nutzt die Ideenbörse „my Starbucks Idea", um eine Plattform für Ideengenerierung durch Kunden bereitzustellen. Die Seite ist als virtuelle Community gestaltet, in der User ihre Ideen veröffentlichen, bewerten und kommentieren können. Da alle Ideen in Kategorien, wie Produktideen (Getränke, Lebensmittel, Waren, Karten, Technik etc.), Erfahrungsideen (Bezahlung, Ordnung, Atmosphäre, Standorte etc.) und Beteiligungsideen (Gemeinschaft, soziale Verantwortung etc.) geclustert sind, können die Benutzer einen guten Überblick über die

© Springer Fachmedien Wiesbaden GmbH 2018   19
M. Knöchel und K. North, *Kundeneinbindung im Innovationsprozess –
Methoden*, essentials, https://doi.org/10.1007/978-3-658-20411-2_5

bereits veröffentlichten Produktvorschläge erhalten. Die Plattform unterscheidet Neuigkeiten, Ideen in Aktion und bereits realisierte Ideen. In Bezug auf die Priorisierung der Ideen können alle Ideen von den Benutzern bewertet werden, jedoch nimmt das Starbucks-Team die endgültige Auswahl der Ideen vor und behält sich auch unabhängig von den Kundenbewertungen vor, jede Idee auszuwählen, die vielversprechend scheint, auch ohne eine der Favoriten in der Kundenabstimmung gewesen zu sein. Einige Ideen sind in der Übersichtsseite der Website hervorgehoben, priorisiert durch einen Algorithmus, der mit Variablen wie Popularität, Aktualität, Highlights und Kommentaren arbeitet.

Nach der Veröffentlichung einer Idee liest ein Team von 40 Starbucks-Mitarbeitern alle Ideen und Kommentare, priorisiert diese nach Beliebtheit und Innovationsgrad und präsentiert sie den wichtigsten internen Entscheidungsträgern. Das Team kommentiert nicht jede Idee, sondern hält die Benutzer durch die Diskussion über die neuesten Ideen auf dem Laufenden und informiert sie über die für die interne Empfehlung ausgewählten Ideen. In Bezug auf Umsatzbeteiligung oder weitere monetäre Ausgleiche für gute realisierte Ideen veröffentlicht Starbucks detaillierte Konditionen und Bedingungen. So kann es in einigen Fällen zwar eine monetäre Beteiligung geben, jedoch wird generell kein offizieller flächendeckender monetärer Ausgleich gewährt (vgl. Starbucks Corporation 2013).

„my Starbucks Idea" wurde 2008 ins Leben gerufen, damit war Starbucks eines der ersten Unternehmen, die im Rahmen einer Community einen Ideenwettbewerb mit einer großen Social-Media-Kommunikationskampagne verband. Mehr als 160.000 Ideen wurden bereits von Nutzern hochgeladen und über 320 Ideen von Starbucks realisiert, was einer Ideen-Umwandlungsrate von 1:500 entspricht (vgl. Hossain 2015).

User Toolkit

▶▷▷ ist ein Ansatz, der vor allem von Eric von Hippel entwickelt wurde und zum ersten Mal in den 1980er Jahren entstand. Toolkits sind eine Art Baukästen, bei denen einfache Produktwerkzeuge mit verschiedenen Eigenschaften von den Kunden verwendet und kombiniert werden können, um eigene Produktinnovationen zu kreieren. In dem Ansatz wird dem Kunden die Möglichkeit gegeben, Innovationen durch IT Unterstützung selbst zu entwickeln und durch verschiedene Kombinationsmöglichkeiten Ideen zu simulieren, bis eine optimale Produktlösung gefunden wird. Das Toolkit soll fünf Ziele umfassen: Trial und

Error bis hin zu einer sehr guten Idee fördern, Raum für individuelle Entwürfe und Lösungen bieten, intuitive Anpassungen ohne vorige Schulung ermöglichen, oftmals gebrauchte Modelle mit einzigartigen Elementen versehen und Sicherstellung der Machbarkeit durch das Unternehmen. Sie ist besonders für heterogene Umgebungen geeignet, in der standardisierte Produkteigenschaften kombiniert werden können (vgl. Katz 2002, S. 821 ff.). Toolkits ermöglichen es Unternehmen, Ideen und Kreativität einer großen Kundengruppe zu sammeln, ohne das Risiko, die gesammelten Informationen falsch zu verstehen oder falsch in eigene Produkte zu übersetzen, da dies bereits standardisiert auf der Kundenseite über das Toolkit erfolgt (vgl. Leopold 2015, S. 34 ff.).

Audi

Die deutsche Automobilfirma **Audi** hat mit der Toolkit-Methode Einblicke in die Kundenpräferenzen für ein neues Cockpit der A3 und A4 Autoreihe erhalten. Das Toolkit von Audi umfasste mehrere Optionen und Varianten, ein neues Cockpit inklusive Messgeräte wie Drehzahlmesser, Kraftstoffanzeige, Motortemperaturanzeige sowie Sound- und Navigationssystem zu entwerfen.

Das Cockpit war für alle Interessenten online verfügbar und alle wurden eingeladen, Varianten zu kombinieren, Entwürfe zu kommentieren und Anregungen zur Verbesserung zu geben. Damit wurde Audi auf völlig neue Kombinations- und Produktaspekte aufmerksam, die von den Nutzern hoch priorisiert wurden.

Die Audi-Ingenieure und Designer konnten viele Aspekte der Kunden umsetzen und das Toolkit im Nachgang als enormen Erfolg bewerten (vgl. Disselkamp 2005, S. 47).

Konzepttests

⧁⧁⧁⧁ beinhalten, dass ein detailliertes Produktkonzept quantitativ oder qualitativ mit Hilfe von Kunden getestet wird. Quantitative Konzepttests umfassen die statistische Messung von Ähnlichkeiten und Beobachtung repräsentativer Kunden. Qualitative Konzepttests umfassen offene und explorative Kundeninterviews, bei denen subjektive Meinungen berücksichtigt werden. Obwohl die Ergebnisse dieser qualitativen Interviews nicht vollständig repräsentativ sind, bieten sie ein hervorragende Informationsgrundlage, um ein Innovationskonzept zu validieren (vgl. Disselkamp 2005, S. 200 ff.).

Hinsichtlich der Darstellung des Konzeptes muss das Unternehmen die Ziele definieren und entscheiden, ob das gesamte Konzept getestet werden soll oder nur einzelne Elemente. Es muss auch geprüft werden, wie detailliert das Konzept den Kunden präsentiert werden kann und was das geeignetste Medium zur Vorstellung des Produktkonzeptes ist. So können beispielsweise Bilder, Videos als auch Prototypen eingesetzt werden. Das Unternehmen muss auch entscheiden, ob nur ein Konzept getestet werden oder mehrere, um Vergleiche zu ziehen. Darüber hinaus muss das Verfahren zur Messung der Reaktionen auf die Konzepte definiert werden, um die positiven und negativen Aspekte sowie Attribute auszuwerten, die während des Tests auftreten. Ziel ist es, Produktschwächen aufzuzeigen und zu kompensieren, Konzeptdetails zu finalisieren und einen erfolgreichen Markteintritt zu planen (vgl. Smith 2013).

Produkttests

⋙ werden verwendet, um finale Produkte vor der Markteinführung zu testen. Sie werden oft nach dem erfolgreichen Abschluss der Konzepttests durchgeführt. Um das Produkt zu testen, werden Prototypen vom Unternehmen entwickelt und den Kunden zur Validierung und Verbesserung von Produktmerkmalen, Usability und Zahlungsbereitschaft präsentiert. Es ist auch ratsam, verschiedene Prototypen zu entwickeln oder konkurrierende Produkte ebenfalls zu präsentieren, um einen Vergleich zu ermöglichen. Basierend auf den Erkenntnissen kann das Unternehmen dann notwendige Produktanpassungen vornehmen und die Positionierung vorbereiten (vgl. Disselkamp 2005, S. 201).

Prototypen können sehr unterschiedliche Stufen und Detailebenen haben, beginnend mit einfachen 2-D-Modellen wie Zeichnungen, 3-D-Modellen wie Mock-Ups und Simulationen bis hin zu Engineering-Prototypen, Pilotläufen und ersten Produktionen (vgl. Smith 2006, S. 111).

Beta Test

⋙ wird oft in der IT-Branche vor der offiziellen Produkteinführung angewendet und kann helfen, das fast fertige Produkt zu validieren und zu verbessern sowie Probleme vor der eigentlichen Markteinführung zu erkennen und zu überwinden. In der Beta-Testphase steht das fast finale Produkt einigen Wochen vor dem Start einem bestimmtem Nutzerkreis zur Verfügung, um das Produkt zu testen. Als Ergebnis werden alle Feedbacks gesammelt und die kritischsten Rückmeldungen für eine Anpassung des Produktes vor dem Launch berücksichtigt. Das Hauptziel des Beta-Tests ist es, bei der Verwendung des fast fertigen Produktes Programmierfehler zur Behebung vor dem Launch zu melden und den Reifegrad des Produktes vor der Markteinführung sicherzustellen (vgl. Freiler 2011).

Microsoft

Microsoft hat im Jahr 2014 während der Entwicklung von Windows das weltweite ‚Windows Insider-Programm' eingerichtet. Es richtet sich sowohl an die Early Adopters als auch an generell Interessierte, die das neue Produkt vor dem Start testen möchten. Die Nutzer können Feedbacks, Bewertungen und andere Verbesserungsvorschläge über eine speziell dafür entwickelte App verschicken, die dann in weiteren Updates und erweiterten Funktionen umgesetzt werden (vgl. Windows Central 2015).

Auf der offiziellen Website lädt Microsoft zwei Arten von Benutzergruppen ein: Privatkunden und Entwickler. Privatkunden werden eingeladen, sich frühzeitig Zugang zu neuen Versionen zu verschaffen, Teil einer großen Community zu werden und die Funktionen zukünftiger Produkte durch die Rückmeldungen zu beeinflussen. Entwickler werden eingeladen, frühzeitig von neuen Funktionen zu erfahren, um eigene auf dem Produkt aufbauende Zusatzprodukte zu entwickeln, neue Hardware vorzubereiten und die Komptabilität von eigens entwickelten Produkten bereits vor dem offiziellen Start in der neuen Softwareumgebung zu testen. Microsoft betrachtet die sogenannten ‚Insider' als Partner, da Rückmeldungen beider Benutzergruppen direkt an die Microsoft-Ingenieure gesendet werden, um das Produkt entsprechend den Erwartungen und Bedürfnissen der Nutzer weiter zu verbessern. Obwohl es keinen direkten finanziellen Anreiz für die Beteiligung der Kunden gibt, senden Kunden aus 226 Orten weltweit ihr Feedback, das für Microsoft sehr wertvoll ist (vgl. Microsoft 2016).

Konzepte zur Anwendung bei direkter und indirekter Kundeneinbindung

Lead User Konzept

▶▶▶ ist eine Vorgehensweise, die von Eric von Hippel entwickelt wurde und beschreibt die Einbindung ausgewählter führender Nutzer am Produktinnovationsprozess. Es gibt wesentliche Merkmale, die Lead User verkörpern: die frühzeitige Erkennung von Marktanforderungen, die eigene Erwartung eines hohen Nutzens aus der Innovation und die Fähigkeit eigene Innovationen zu entwickeln (vgl. Tidd und Bessant 2013, S. 491). Ihr Wissen kann in vielen Formaten wie Interviews, Workshops oder einer langfristigen Zusammenarbeit genutzt werden (vgl. Leopold 2015, S. 31). Es gibt vier Hauptphasen im Lead User Prozess (vgl. Lilien et al. 2002, S. 1044 f.):

1. Formulierung von Ziel- und Teambildung
2. Forschung zu Marktbedürfnissen und Trends, um einen Fokus-Trend und führen Experten zu identifizieren
3. Identifizierung der Hauptnutzer
4. Ideenworkshops mit 10–15 Hauptnutzern für eine neue Konzeptentwicklung.

Gemäß empirischer Studien sind die Hauptvorteile des Lead User-Konzepts, dass es oft zu radikalen Innovationen mit höherer Neuheit und erhöhten Erfolgsraten im Vergleich zur Einbindung von Stammkunden führt (vgl. Enkel et al. 2005, S. 426). Eine große Herausforderung ist jedoch, dass Lead User schwer zu identifizieren sind und dadurch die Auswahl geeigneter Lead User schwer ist (vgl. Noble et al. 2014, S. 63). In dem *essential* ‚Kundeneinbindung im Innovationsprozess – Konzepte' werden die Schritte des erfolgreichen Kundenauswahlprozesses detailliert beschrieben. Der Lead-User-Ansatz ist besonders ratsam, wenn das Umfeld der Innovation eine hohe Komplexität aufweist, bei der ein tief greifendes Wissen der involvierten Kunden gefordert ist (vgl. Tidd und Bessant 2013, S. 491).

© Springer Fachmedien Wiesbaden GmbH 2018

25

M. Knöchel und K. North, *Kundeneinbindung im Innovationsprozess – Methoden*, essentials, https://doi.org/10.1007/978-3-658-20411-2_6

Fokusgruppe

▶▶▶▶ wurde 1977 als Konzept von Calder entwickelt, danach mehrmals modifiziert und wird als qualitative Methode verwendet, um Produktlösungen zu entwickeln, indem sechs bis zwölf Kunden in einer Gruppe von einem Unternehmensexperten zu einem Problem oder einer Lösung befragt werden und miteinander über eine Fragestellung diskutieren (vgl. Kausch 2007, S. 39). Während einige Studien empfehlen, das Fokusgruppen-Konzept in den frühen Phasen des Innovationsprozesses zu verwenden, empfehlen andere, es in allen Phasen anzuwenden. Im Gegensatz zum Lead-User-Ansatz nutzt das Fokusgruppen-Konzept reguläre Kunden als Teilnehmer. Das Hauptziel ist die Förderung einer konstruktiven Diskussion durch die Gruppierung der Teilnehmer mit unterschiedlichen Hintergründen, Meinungen und Einstellungen, um aus verschiedenen Blickwinkeln bessere Ergebnisse in einem kollektiven Workshop zu erzielen (vgl. Leopold 2015, S. 32). Inzwischen wurde das Fokusgruppenkonzept auch mit Virtual Reality angewandt, da dies die Fantasie der Kunden anregen kann und dazu beiträgt, spezifischere Produktanforderungen zu formulieren und Missverständnisse zwischen Fokusgruppe und Unternehmen vermeiden (vgl. Huber et al. 2013, S. 410 f.).

DMK Deutsches Milchkontor GmbH

Die DMK **Deutsches Milchkontor GmbH** ist eine deutsche Vereinigung von 8400 aktiven Milchproduzenten und 7500 Mitarbeitern. Die DMK Gruppe konsolidiert Milch und verkauft weltweit Milchprodukte. In Deutschland vertreibt die DMK Group eigene Milchprodukte unter der Marke MILRAM. Darüber hinaus produziert die DMK Gruppe auch andere Milchprodukte als Handelsmarken.

Für neue Produktentwicklungen der Marke MILRAM kontrahiert das Unternehmen externe Trendscouts auf der ganzen Welt, um die neuesten Markttrends von Milchprodukten zu analysieren. Die Informationen der Trendscouts werden mit weiteren Daten der externen Marktforschungsdatenagentur MINTEL zusammengeführt, um die vielversprechendsten Markttrends Produkteigenschaften zu ermitteln.

Nach der Analyse eines Trends wird eine Idee für eine neue Produktentwicklung intern entwickelt und eine Machbarkeitsstudie durch das Unternehmen erstellt. Bei positiven Ergebnissen wird eine Produktinnovation weiterentwickelt.

> Um das geplante Produkt zu testen, wird eine Marktstudie an eine externe Agentur ausgelagert, die Kunden in Fokusgruppen-Sessions befragt. Pro Gruppierung werden durchschnittlich zwanzig Kunden eingeladen. Die Fokusgruppe nimmt nicht nur an einer Produktprobe teil, sondern diskutiert auch Produktdesign, Preis, Branding und Kommunikation rund um die geplante Produktinnovation. In den meisten Fällen vergleicht die Fokusgruppe entweder das neue Produkt mit dem früheren Produkt oder einem anderen Produkt.
>
> Wenn das neue Produkt eine positive Rückmeldung von der Fokusgruppe erhält, werden die Ergebnisse der Fokusgruppe einbezogen, das Produkt falls notwendig modifiziert und weitere interne Tests durchgeführt. Danach wird die Produkteinführung intern vorbereitet (vgl. Backhaus 2016).

Virtual Community Integration (VCI)

►►►► nutzt das Internet, um mit den Kunden in einer dedizierten abgegrenzten digitalen Umgebung zu kommunizieren. Die Interaktion kann entweder unidirektional sein, indem die Kunden eigene Ideen hochladen, oder bidirektional, indem das Unternehmen eine Diskussion zwischen den Kunden über ein Produkt fördert. Bezüglich der Struktur kann die virtuelle Community zum einen Toolkits nutzen oder eine offene Diskussion bezüglich Produktbewertung, Verbesserung oder auch eine neue Ideengenerierung anstoßen (vgl. Rohrbeck et al. 2010).

VCI ist eine nützliche Methode, um möglichst viele Kunden in den Innovationsprozess einzubeziehen und tiefe Einblicke in die Bedürfnisse der Kunden zu gewinnen, von der Ideenfindung bis zur After Sales Betreuung. Online-Communities ermöglichen eine engere Beziehung zwischen dem Unternehmen und den Kunden und erhöhen die Kundennähe durch laufende Interaktionen und gegenseitiges Verständnis (vgl. Nambisan 2002). Der wesentliche Vorteil von Communities besteht darin, dass das Unternehmen Einblicke in die spontane und authentische Diskussion zwischen den Kunden erhält, die sonst unzugänglich ist. Darüber hinaus fördern VCIs die Interaktion, schnelle Entwicklungen und die erhöhte Flexibilität. Außerdem kann eine hohe Anzahl von Kunden mit verschiedensten Hintergründen und aus unterschiedlichen geografischen Gebieten erreicht werden (vgl. Sawhney et al. 2005).

10 Best Practices für die erfolgreiche Implementierung einer VCI (vgl. Communispace Corporation 2004)

1. Erreichen Sie die richtigen Kunden: Stellen Sie eine private Umgebung her, indem Sie die Kunden in kleinen Gruppen kategorisieren, um über Interessen und Bereitschaft zur Teilnahme zu lernen; es gibt weit mehr zu betrachten als demografische Kriterien.
2. Binden Sie die Kunden als Berater ein: Die Mitglieder der VCI sollten als wertvolle Berater und nicht nur als Marktforschungsgremium genutzt werden.
3. Finden Sie die richtige Balance: Die Community sollte nicht nur die Interessen des Unternehmens diskutieren, sondern auch Themen, die für die Kunden einen Mehrwert stiften.
4. Fördern Sie positive Stimmung: Die Gemeinschaft sollte wiederkehrende Bräuche und Gewohnheiten enthalten, damit sich die Benutzer in der VCI wohlfühlen und Vertrauen fassen.
5. Ermutigen Sie die Kunden zur Diskussion: Kunden sollten proaktiv eingeladen werden, an offenen Diskussionen teilzunehmen.
6. Fragen Sie einfach: Direkte Kommunikation ohne Umwege sollte genutzt werden.
7. Hören Sie aufmerksam zu: Es ist sehr wertvoll, die von den Kunden initiierten Fragen genauer zu betrachten, da gerade diese sehr hohe Relevanz für das Unternehmen haben könnten.
8. Wertschätzen Sie auch das Negative: Negative Kommentare sollten nicht gelöscht oder unterdrückt werden, da diese Informationen zu Problemen und Kritiken für das Unternehmen sehr nützlich sein können.
9. Konzentrieren Sie sich auf das Wichtige: Kunden sollten nicht mit Fragen überfordert werden, sondern für die wichtigen Fragen Zeit haben.
10. Verwenden Sie die richtigen Werkzeuge: Kunden sollten nicht ausschließlich mit ähnlichen Fragebogen ausgesetzt werden, sondern auch alternative Werkzeuge für eine Eignung getestet werden.

Co-Development

▶▶▶▶▶ beschreibt das Konzept, geeignete Kunden als gleichberechtigte Partner für die Entwicklung neuer Produkte oder Dienstleistungen zu nutzen (vgl. Daye 2014). Co-Development ist vor allem eine weit verbreitete Methode im B2B-Bereich und kann in allen Phasen des Innovationsprozesses, von der Ideenfindung bis zur Produkteinführung, angewendet werden. Voraussetzung für die gemeinsame Entwicklung ist eine vertrauensvolle und nachhaltige Beziehung zu den Kunden und die Fähigkeit, sie zu motivieren um sich aktiv zu beteiligen (vgl. Oinonen 2014, S. 10). Dadurch kann die imaginäre Wand zwischen Unternehmen und Kunden reduziert und eine enge bilaterale Kommunikation ermöglicht werden. Kunden können offen über ihre Probleme mit dem Unternehmen diskutieren und Lösungen entwickeln, die auf einem gemeinsamen Verständnis basieren (vgl. Daye 2014).

JOSEPHS Die Service-Manufaktur
Weltweit einzigartig ist das **JOSEPHS Die Service-Manufaktur,** ein Mitmachlabor in Form eines Geschäftes mit Café im Zentrum Nürnbergs, in dem Unternehmen seit 2014 Produkte vor der Fertigstellung am Kunden testen können.

Aufgesetzt wurde das reale Testlabor von der Fraunhofer Arbeitsgruppe für Supply Chain Services SCS mit der Universität Erlangen-Nürnberg, bei Erfolg sollen weitere Standorte mit ähnlichen Konzepten folgen.

Im JOSEPHS können Produkte und Dienstleistungen, die sich noch in der Entwicklungsphase befinden, live am Kunden getestet werden, ehe sie offiziell auf dem Markt eingeführt sind, um vorab wertvolle Erkenntnisse und Kundenfeedbacks zum neuen Produkt zu sammeln. Diesem Angebot folgten seit der Eröffnung mehr als 40 Unternehmen, die ihre Produkte im JOSEPHS testeten, sowie mehr als 20.000 freiwillige und interessierte Besucher, die tausende qualitative Rückmeldungen zu den ausgestellten Produkten und Dienstleistungen gaben. Der große Unterschied zwischen dem JOSEPHS und firmeninternen Innovation Labs ist, dass jeder Kunde einfach in das Geschäft gehen kann und spontan neue Dinge entdecken sowie Beiträge zu neuen Produkten beisteuern kann. Dies führt zwar dazu, dass das Publikum nicht immer auch der Zielgruppe entspricht, jedoch viele Interessierte und kreative Köpfe angelockt werden, die der Firma helfen den Kunden zu verstehen und somit wertvolle neue Idee liefern, auch wenn sie keine direkten Kunden sind. Im Durchschnitt kostet eine Ausstellung ein Unternehmen 20.000 bis 50.000 EUR (vgl. Scheytt, S. 2016, S. 12–13). Für diesen Betrag kann das Unternehmen eine der fünf Testinseln buchen, um die gewünschten Produkte über ein viertel Jahr zu testen.

Dabei kommen modernste Technologien zum Einsatz. So werden neben den qualitativen mündlichen Feedbacks auch Methoden wie beispielsweise Emotionserkennung oder Indoor-Tracking zur zielgenauen Analyse der Kundenreaktionen eingesetzt. Dadurch kann der Kunde das Produkt in der Realität in Form eines Geschäftes in seiner Nähe erleben und die Unternehmen in einer realen Umgebung das Produkt testen und weiterentwickeln (vgl. Fraunhofer SCS).

Fazit und Ausblick 7

Es gibt zwar keine eine einheitliche Erfolgsformel für Kundeneinbindung, jedoch viele Methoden, die die Erfolgschancen bei richtiger Anwendung steigern.

Vor der Entscheidung über die geeignete Phase im Innovationsprozess und den Grad der Kundeneinbindung sollte das Unternehmen die Kundenrollen vergleichen, beginnend mit einer sehr passiven Rolle, über einer aktive Rolle, bis hin zu einem völlig autonomen Kunden, der selbstständig Innovationen entwickelt. In Bezug auf Zeitpunkt und Methode der Kundeneinbindung im Innovationsprozess kann festgehalten werden, dass ein Kunde in alle Phasen des Innovationsprozesses einbezogen werden kann.

Durch die Auswahl geeigneter Kundeneinbindungsmethoden für bestimmte Phasen kann die Kundeneinbindung dann erfolgreich im Produktinnovationsprozess eingesetzt werden.

Wichtig ist dabei jedoch, dass vorab Chancen und Risiken der Kundeneinbindung evaluiert, sowie Maßnahmen zur Risikominimierung entwickelt und kritische Erfolgsfaktoren wie Kundenmotivation, Kundenselektion und organisatorische Voraussetzungen betrachtet werden. All diese vorbereitenden Konzepte werden im *essential* ‚Kundeneinbindung im Innovationsprozess – Konzepte' beschrieben.

Neue Möglichkeiten, aber auch Risiken ergeben sich mit der Digitalisierung, zum einen durch das Themenfeld Big Data und zum anderen durch webbasierte Produkttests. Während in einigen Sektoren und Unternehmen die Produktentwicklung vor einer Produkteinführung zunächst vollständig intern abgeschlossen wird, können in anderen Sektoren durch Verwendung des Internets Tests zu neuen Produktideen in Echtzeit durchgeführt und anhand einer repräsentativen kleinen

© Springer Fachmedien Wiesbaden GmbH 2018
M. Knöchel und K. North, *Kundeneinbindung im Innovationsprozess –
Methoden,* essentials, https://doi.org/10.1007/978-3-658-20411-2_7

Testgruppe validiert werden. Aktuell wird dies in der Onlineumgebung häufig durch Multivariate Tests gemacht, ist jedoch auch in vielen anderen Branchen möglich.

Auch die Entwicklung von 3-D-Drucker und Virtual Reality wird für Privatpersonen immer nutzbarer und könnte die Produktentwicklung revolutionieren.

Was Sie aus diesem *essential* mitnehmen können

- Kundeneinbindung erhöht bei richtiger Anwendung den Erfolg der Innovation.
- Für jede Phase des Innovationsprozesses gibt es geeignete Methoden zur Kundeneinbindung.
- Kundeneinbindung kann sowohl indirekt als auch direkt erfolgen.

Literatur

Backhaus, B. (2016) Interviewed von: Knöchel, M. (14 September 2016).

Blazevic, V. und Lievens, A. (2008) *Managing innovation through customer coproduced knowledge in electronic services: An exploratory study*, in: Journal of the Academy of Marketing Science, Vol. 36, Springer.

Ciccantelli, S. und Magidson, J. (1993) *From Experience: Consumer Idealized Design: Involving consumers in the Product Development Process*, in: Journal of Product Innovation Management, Vol. 10, Elsevier.

Communispace Corporation (2004) *Making Social Networking Work for Marketing: Communispace Shares 10 Best Practices for Online Customer Communities.* Verfügbar unter: http://www.prnewswire.com/news-releases/making-social-networking-work-for-marketing-communispace-shares-10-best-practices-for-online-customer-communities-55966692.html (Zugriff am 1. September 2016).

Cui, A. S. & Wu, F. (2015) *Utilizing customer knowledge in innovation: antecedents and impact of customer involvement on new product performance*, in: Journal of the Academy of Marketing Science, Springer.

Daye, D. (2014) *Brand Strategy And Co-Creation Workshops.* Verfügbar unter: http://www.brandingstrategyinsider.com/2014/04/brand-strategy-and-co-creation-workshops.html#.V-ECjhFf2Ag (Zugriff am 20. September 2016).

Disselkamp, M. (2005) *Innovationsmanagement: Instrumente und Methoden zur Umsetzung im Unternehmen*, 1st edn, Wiesbaden, Gabler.

Enkel, E. (2009) *Chancen und Risiken von Open Innovation, Kommunikation als Erfolgsfaktor im Innovationsmanagement*, 1st edn, Wiesbaden, Gabler.

Enkel, E., Perez-Freije, J. und Gassmann, O. (2005) *Minimizing Market Risks Through Customer Integration in New Product Development: Learning from Bad Practice*, in: Customer Integration in NPD, Vol. 14, No. 4, Blackwell Publishing.

Fraunhofer SCS (w/o Y) *Produkt- und Service-Tests nah am Kunden.* Verfügbar unter: https://www.scs.fraunhofer.de/de/leistungen/produktservicetests.html (Zugriff am 10. April 2017).

Freiler, J. (2011) *Alpha vs. Beta Testing.* Verfügbar unter: https://www.centercode.com/blog/2011/01/alpha-vs-beta-testing/ (Zugriff am 18. September 2016).

© Springer Fachmedien Wiesbaden GmbH 2018
M. Knöchel und K. North, *Kundeneinbindung im Innovationsprozess –
Methoden*, essentials, https://doi.org/10.1007/978-3-658-20411-2

Gassmann, O., Kausch, C. und Enkel, E. (2010) *Negative side effects of customer integration*, in: International Journal of Technology Management, Vol. 50, No. 1, Inderscience Enterprises.

Granser, P. (2014) *Das ist Deutschland – Marktforschung in Haßloch*, Verfügbar unter: https://www.brandeins.de/archiv/2014/werbung/das-ist-deutschland/ (Zugriff am 28. September 2016).

Griffin, A. und Hauser, J. R. (1993) *The voice of the customer*, in: Marketing Science, Vol. 12, No. 1.

Grossklaus, R. H. G. (2014) *Von der Produktidee zum Markterfolg Innovationen planen, einführen und erfolgreich managen*, 2nd edn, Wiesbaden, Springer Gabler.

Herstatt, C. und Verworn, B. (2007) *Management der frühen Innovationsphasen: Grundlagen – Methoden – Neue Ansätze*, 2nd edn, Wiesbaden, Gabler.

Hossain, M. (2015) Generating Ideas on Online Platforms: A Case Study of My Starbucks Idea. Verfügbar unter: http://ac.els-cdn.com/S2214462515000134/1-S2.0-S2214462515000134-main.pdf?_tid=214f1ce2-8573-11e6-bde3-00000aacb35d&acdnat=1475064200_3c9217c4 ae4746692323f4cadb75e80a (Zugriff am 8. September 2016).

Howe, J. (2006) *The rise of crowdsourcing*, Wired Magazine, Issue 14.06.

Huber, M., Nicklas, J.-P., Schlüter, N., Winzer, P. und Zülch, J. (2013) *New approach to integrate customers in early phases of product development processes by using virtual reality*, in: 11th Global Conference on Sustainable Manufacturing – Innovative Solutions, Universitätsverlag der TU Berlin.

IKEA (2015) *IKEA: Life at Home Reports.* Verfügbar unter: http://lifeathome.ikea.com/ data-mixing-board/food/en/#BuyTakeout+|5|6|+0+0+ (Zugriff am 13. September 2016).

Intrieri, C. (2013) *Voice of the Customer: 4 Common Mistakes & How to Avoid Them.* Verfügbar unter: http://cerasis.com/2013/08/16/voice-of-the-customer/ (Zugriff am 28. September 2016).

Katz, G. (2016) Interviewed by: McAllister, C. (9 May 2016). Verfügbar unter: http:// www.productinnovationeducators.com/blog/tei-071-how-product-managers-can-conduct-voice-of-the-customer-research-with-gerry-katz/ (Zugriff am 8. August 2016).

Kausch, C. (2007) *A Risk-Benefit Perspective on Early Customer Integration*, Difo-Druck.

Leopold, J. (2015) *Open Innovation and Crowdsourcing: Neue Perspektiven des Innovationsmanagements*, 1st edn, Mering, Rainer Hampp.

Lilien, G. L., Morrison, P. D., Searls, K., Sonnack, M., und Hippel, E. v. (2002) *Performance Assessment of the Lead User Idea-Generation Process for New Product Development*, in: Management Science, Vol. 48, No. 8, Informs.

Microsoft (2016) *Windows Insider.* Available from: https://insider.windows.com/ (Accessed 18 September 2016).

Nambisan, S. (2002) *Designing virtual customer environments for new product development: Toward a theory*, in: Academy of Management Review, Vol. 27.

Noble, C., Durmusoglu, S. und Griffin, A. (2014) *Open Innovation: New Product Development Essentials from the PDMA*, Hoboken, Wiley.

Oinonen, M. (2014) *Customer involvement in co-development in B2B markets*, Bordeaux.

Postinett, A. (2010) *Einen Tag für eigene Ideen.* Verfügbar unter: http://www.handelsblatt. com/unternehmen/management/innovationen-ein-tag-fuer-eigene-ideen-seite-3/3751634-3. html (Zugriff am 9. September 2016).

PriceWaterhouseCoopers (2015) *Innovation – Deutsche Wege zum Erfolg.* Verfügbar unter: https://www.pwc.de/de/publikationen/paid_pubs/pwc_innovation_-_deutsche_ wege_zum_erfolg_2015.pdf (Zugriff am 19. August 2016).

Rohrbeck, R., Steinhoff, F. und Perder, F. (2010) *Sourcing innovation from you customer: How multinational enterprises use Web platforms for virtual customer integration,* in: Technology Analysis & Strategic Management, Vol. 22, No. 4, Taylor & Francis.

Sawhney, M., Verona, G. und Prandello, E. (2005) *Collaborating to create: The internet as a platform for customer engagement in product innovation,* in: Journal of Interactive Marketing, Wiley.

Scheytt, S. (2016) *Der Senf des Kunden,* Brand Eins 09/16.

Sensory Works (2011) *Category Appraisal.* Verfügbar unter: http://sensory-works.com/ media/showcase/category_appraisal.pdf (Zugriff am: 28. September 2016).

Smith, D. (2006) *Exploring Innovation,* McGraw-Hill Education.

Smith, S. (2013) *Concept Development – How to conduct a concept test.* Verfügbar unter: https://www.qualtrics.com/blog/concept-development/ (Zugriff am 11. Oktober 2016).

Starbucks Corporation (2013) *My Starbucks Idea.* Verfügbar unter: http://mystarbucksi-dea.force.com/ideafaq (Zugriff am 28. September 2016).

Stern, T. und Jaberg, H. (2010) *Erfolgreiches Innovationsmanagement: Erfolgsfaktoren –Grundmuster – Fallbeispiele,* 4th edn, Wiesbaden, Gabler.

Strategyn (2014) *Creating the Bosch CS20 Circular Saw.* Verfügbar unter: http://www. strategyn.at/creating-bosch-cs20-circular-saw-0 (Zugriff am 6. Oktober 2016).

Tidd, J. und Bessant, J. (2013) *Managing Innovation: Integrating Technological, Market and Organizational Change,* 5th edn, Chichester, Wiley.

Ulwick, A. W. (2002) *Turn Customer Input into Innovation.* Verfügbar unter: https://hbr. org/2002/01/turn-customer-input-into-innovation (Zugriff am 9. September 2016).

Ulwick, A. W. (2014) *Whitepaper: What is Outcome-Driven Innovation® (ODI)?* Verfügbar unter: http://strategyn.com/outcome-driven-innovation-process/ (Zugriff am 12. Oktober 2016).

Windows Central (2015) *Windows Insider Program.* Verfügbar unter: http://www.win-dowscentral.com/windows-insider-program (Zugriff am 18. September 2016).